Aliex Porras Molina

Umbral del Laberinto

Aliex Porras Molina

Umbral del Laberinto

Poesías

JustFiction Edition

Imprint
Any brand names and product names mentioned in this book are subject to trademark, brand or patent protection and are trademarks or registered trademarks of their respective holders. The use of brand names, product names, common names, trade names, product descriptions etc. even without a particular marking in this work is in no way to be construed to mean that such names may be regarded as unrestricted in respect of trademark and brand protection legislation and could thus be used by anyone.

Cover image: www.ingimage.com

Publisher:
JustFiction! Edition
is a trademark of
Dodo Books Indian Ocean Ltd., member of the OmniScriptum S.R.L Publishing group
str. A.Russo 15, of. 61, Chisinau-2068, Republic of Moldova Europe
Printed at: see last page
ISBN: 978-620-3-57534-7

Umbral del laberinto

Aliex Molina Porras

Umbral del laberinto

A mi familia y mi esposa amada, a mis amigos y hermanos,
en especial a mis padres: Denia y Ramón (Nene Molina).

Muy profundos son tus
pensamientos.
6 El hombre necio no sabe,
Y el insensato no entiende esto.
17 Si no me ayudara Jehová,
Pronto moraría mi alma en el
silencio.
18 Cuando yo decía: Mi pie
resbala,
Tu misericordia, oh Jehová, me
sustentaba.
19 En la multitud de mis
pensamientos dentro de mí,

DESPERTAD

¿Acaso estamos dormidos,
un sueño largo y difícil?
¿Perdemos al tiempo
o nos perdemos en él?
Observo a mis padres,
mis amigos,
y los ausentes.
¡Pavorosa visión del desgaste!
Traspaso la cortina que nos hace comunes
y duele, hasta el agua.
¿Nos quedan?
los reflejos,
penetrar en laberintos
a media resueltos,
páramos semejantes.
Nadie quiere pensar porque se rompe,
temor de la locura, a la locura,
cuando es su vicio y no hay tregua.
A muchos los tallan después de los retoños,
al resto ni siquiera.
Nada coincide,
todo es exacto y predicho
como la sombra.
¡Despertad!

UMBRAL DE MUNDOS

Vengo de un lugar recóndito
que no sé explicarte...
y prefiero la verdad de aquel diluvio
que me hizo llorar.

LOS PECES QUE TE DIJE

Los peces que te dije:
vuelan, conversan, sonríen,
juegan a esconderse como arcoíris móviles,
tienen ojos de loco y parece que piensan,
ya no brillan,
se ahogan.
Los peces que te dije que me gustaban,
que se parecían a mí,
ya no me quieren ver;
les ha pasado igual,
han cortado el agua de sus alas.

EN LA TARDE

Nubes a contragolpe complacen la vida,
intentan descubrirse en nuestros ojos,
proyectar otros mundos.
Vi mares con bajeles y náufragos,
bosques, unicornios,
resplandores de ciudad…,
donde los santos,
donde Dios ilumina,
la fiesta de las luces se despide.
Y así el amanecer y la otra tarde,
yo romántico y tú no ves
que vuela por mi mente
un haz de furia,
que me hizo adivinar
que te quería.

LUGAR DE EQUILIBRIO

Un sillón me corrige con su mirar pausado,
aflojan las piernas y cedo a compartir.
Impugna mi juicio,
y enrolo en sus ojos descubriendo trazos.
Audaz escondite,
de columnas y plantas,
respiración que cavila
con movimientos sincrónicos de nuestra esencia.
Me detengo y acepto,
reflexiono al compás de la física,
balanceando la elipsis que me devuelve.
Otra vez yo.
Él, que halla mis huesos,
no puede encontrarlo.
Culmina el sopor de mi mente
y mi brazo lo para, agradeciéndole.

ESPERÁNDOTE

Hay una espada marcando el reloj
que has puesto a velar
en mi barco anclado.
No puedo encallar,
son altas las olas
y profundo el mar.

CENIZAS

Fueron las aves,
la soledad y el cielo,
el destino, los sueños,
a veces la fe,
y eso nos volvemos.
Todo puede parecer,
cuando en cenizas
sumergimos nuestro andar,
pero el árbol es árbol,
el fuego es fuego,
y ceniza
la madera que se quema.

ENIGMÁTICA

Tal vez llegue a vocablos
de un registro kitsch
o a un tema neorromántico
difícilmente airoso;
pero ahí naces tú, ave de fuego.
Aún no sé si en un tórrido río
o en aguas del Ártico,
porque eres hielo,
y en ti brota ese volcán
que me descongela.
¡Tanta agua!
Y necesito la escarcha de tus mejillas
para refrescar este vapor,
los granizos que invaden tu memoria
para olvidar que te quiero.
¡Regálame un témpano, mujer!
para cuando tus ojos de vidrio me miren
no me laceren el alma.

CRECE

Luminosa y bella,
como música de ruiseñor enajenado,
mi lágrima se contagia de rocío
para empaparme
de una sensación maravillosa,
mezcla de amor y gratitud.
Tristemente feliz,
agradecido y náufrago,
espero,
a la vera de un pedestal antes sombrío,
al pincel que poco a poco
da color a mis sueños.
Confío y seguiré
seguro de la luz.

MI MAR

Otra vez es azul,
y no digas que no.
Pudiera reflejar el fondo si quisiera,
pero no, él quiere ser azul.
No hables de teorías,
no pretendo justificar.
¡No! porque no es lo mismo,
fue su elección.
Piadoso y violento,
enorme y audaz,
a veces radiante,
o afligido,
pero siempre profundo
y azul.
¿Qué sería de mí sin el mar?
¿Dónde pescaría mis sueños?
¿Por dónde ando como un pitufo
de linos, templo y corazón azul?

EN MI PIRÁMIDE

El unicornio que yo tengo
y que no existe,
me enseñó a volar del mundo,
de sus golpes,
de su materia hipócrita,
a no afanarme de historias de banderas
y a encontrarme.
Cuando regrese de este viaje voy a llorar;
voy a llorar, porque es la Vida,
y las nubes mojan aunque no quiera,
y mi espíritu gusta estar aquí,
tan semejante y liso
como pirámide que me ensimisma,
con ímpetu y sosiego,
ante el hastial que ciñe
la esperanza de un país
que espera su suerte.
Gracias a Dios monto mi unicornio,
el unicornio que yo tengo
y que no existe,
y que nadie me puede quitar.

TODO ES MENTIRA

Una vez que el luchador
construye el camino,
funde su esperanza
en la piedra que espera.
Solo ángeles
ven esos colores,
el resto:
desagradecidos, los ignoran,
ciegos, imaginan diferente
y locos confunden.
¿Quiénes somos?
¿Qué hay de cierto?
Todo,
y todo es mentira.
El corredor llega a su casa,
a la misma que siempre tuvo,
después de prueba y carrera,
y tiene que ser hombre para ser feliz.

SER

He intentado negarle esa razón al latido,
pero no hay remedio.
Difícil para el ansia inapelable de la memoria
esconder la voluntad de irrumpir
vehementes el espíritu.
No podemos ocultar esa zozobra,
deseo constante que tropiezas,
expresión involuntaria en tus ojos,
arraigo que apuesta.
Es así y estoy seguro,
porque no hay nada mejor
que regresar de esos lugares
más allá del laberinto.

EXTRATERRESTRES

Migajas de céfiro
dibuja la atmósfera,
y un universo sensato me pregunta:
¿Seremos nosotros
los extraterrestres?
Si vivimos de prohibir el aire,
extirpando en sigilo,
como fríos témpanos
que no se conocen,
deshaciendo memorias,
derrumbando espíritus,
Si tierra sin techo ni piso
nos volvemos,
de hecho somos,
una y mil veces,
extraterrestres.

CUENTA

En este mundo saturado de instintos,
asnos débiles andan:
¿Cuánta gente viviendo en la brisa?
otra cuota en omisión.
¡Tantos mundos entran!
conocer uno solo y de mentira.
La realidad, sique en la anchura,
para acertarla es necesario
vivir amartelados
mientras el medio, que intoxica,
nos aleja.
Donde el prejuicio es decoro,
vuela elación y mancilla,
no hay axioma, ni memorias.

PUEBLO

Al sonido de su pensamiento
alcanzo apenas,
irrumpo, y es todo tan pequeño,
extraño, por no decir dolorido,
estáticamente arrollador,
cual velo gris que tapa
un castigo del tiempo,
una cuenta pendiente, deuda,
o algo así;
generaciones, que no dejan crecer,
que te comen los años sin permiso
y sin piedad,
días que pudieron ser felices,
o simplemente distintos
en cualquier parte.
Aquí , es de hombres llorar,
embriagan sus pies cortados
con sus alas prohibidas,
y el sexo los ocupa
para no pensar,
pero sin querer sueñan,
lo que es peor...
También es donde único

el Sol se disfraza y baila
para hacernos reír,
el cielo puja un lienzo azul
por agradarnos,
el mar sigue siendo agradecido,
y las plantas verdes,
para recordar
que aún hay esperanza
y que Dios es Bueno.

22-6-2014

APRENDIENDO A ELEGIR

¿Por qué dirigirme a esta estación
que pasea por una isla,
que no se cree isla, ensimismándose,
semejando tu mágico arroyo?
No lo es.
Y saca sus redes
y echas tus anclas,
te alimentas de esa tinta bruna
perfumando tu espíritu
que sin querer regalas al averno.
No te dejes confundir;
sabe hermoso, alejado, sereno,
hallas perfecto refugio,
pero están todos y tú no lo sabes
porque nadie puede verse.
Y en ese mismo lugar,
sin querer,
es donde haces coincidir tu esencia
con tus mudas palabras, las de verdad,
esas que se escapan de tu yacimiento,
y son usadas para dibujar cerrazones
con el indescriptible
y mejor logrado color de tu poesía.

Es triste ver tu Luz hacerse sombra
en la dependencia de esa isla
donde siempre eliges ser
el náufrago que llora.
Yo estoy hablando contigo, poeta,
deja ese encantado terruño
que te hace miserable de sus dudas solitarias,
recibe la alegría de la Vida afuera,
donde el Sol y el cielo sanan.
Te espero,
antes que caiga la primera hoja
de ese árbol sagrado
que aprendió a gobernar sus estaciones.

RESCATE

¿Cómo naufrago si no me queda mar?
¿Quién me encontrará?
Si el afán, de no sé qué,
sepultó mi dirección
y seguí hasta dejar de quererme.
Esquivé cada gota que llegó,
persiguiendo sordos instintos
que nunca me oyeron
y me han robado.
Descuido feroz,
de no sé dónde,
que hizo derramar mi juventud.
Por eso,
antes que termine este suicidio,
me detengo,
para entregarme a ti, mi Dios.

1-8-2013

AL PARADERO

Voy sin rumbo,
tiemblan mis pies,
los ojos espían llegando al final.
¿Qué tren apreso?
¿A dónde voy?
Espero sin prisa el último tren,
que es el primero,
veo partir del mundo
y conquisto un lugar
más allá de las nubes.
¿Por qué vivir de esta manera?
¿Por qué engañar y no sentirnos?,
Si somos iguales,
y en la brevedad de esta marcha,
vamos sin rumbo al paradero.

ADIÓS

Aunque deslice la fragua
no lo negaré que te quise,
sabré nadar sin rendirme
si es que me inundan tus aguas.

Yo sé que en tu bosque aguarda
la esperanza de subirte,
mujer, de nuevo vestirte
con las pieles de mi caza.

Muy pronto pesó la carga
traicionera de ti misma,
anegando la llovizna

del río de tu garganta.
Qué importa, mi mente silba,
el dolor que nunca tarda.

MI SILENCIO

Es como el cordero en la montaña
que vio casar a su compañera,
galopantemente escurridizo,
soberbio y brumoso,
roca y vendaval.
No quise compartirlo contigo,
debió bastarte mi silencio.

HOY

Ando distante y simétrico,
dividido del mundo
y cargado de mí,
de este fósil tierno que heredé,
sin poder sostener
ni lo que pesa una mirada común,
de este afanoso día
de quehacer absurdo.
¿Cuándo dejé lo cardinal?
¿Dónde?
Que nadie me vea,
no a mis ojos,
¡por favor!,
déjenme entrar y salir,
necesito mi Planeta.

EN VENEZUELA

Voy en este metro,
¡tan rasante!,
un muro gris recto de mayas,
largos cables y filosas rejas.
Al menos aquí
este escudo de concreto me protege,
afuera no sé qué pasará.
Hace días no veo a mis amigos,
reunirse es complicado.
Fácil revólver del autobús
que me quitó el móvil.
¡Tantos zapatos sucios!
Sí, prefiero entrar al túnel
y no ver nada,
cerrar los ojos y soñar
que estoy en mi casa, con mi madre,
comiendo arroz y frijoles.
¿Cómo escapo si soy mi propio ejército,
mi protagonista en esta guerra
armada de gente, que no sabe vivir?
Soy vecino de la que me estafó,
de la madre de la bala perdida
del niño pequeño que atendí.

Ayer bajé del cerro
a una señora inmóvil
de su lecho séptico,
más arriba a un joven con Sida
en su sillón de ruedas;
di el medicamento al que convulsiona,
curé al alcohólico traumado,
al del tiro en la espalda,
y a la del pie diabético que…
Se me olvida que voy en el metro
¡Falta poco!
Quiere jugar conmigo un niño solitario,
encorvado desde el piso me tropieza,
cuando le dice mamá a una mujer sentada
que no lo carga, ni lo mira.
¡Cuántos mendigan!
me duelen mucho las piernas,
una muchacha le guarda a otra mi asiento
y mientras la miro me dice:
¡Cuidado, que no estás en tu país!
Alguien me pregunta
si yo soy médico;
le dije que sí, sonriendo,

¡Ah, pero médico cubano!
Sí -le respondí.

¡Yo soy un médico cubano!
y cuando me vaya …
¿Dónde dejo estos recuerdos?
Yo dije que no me los llevaría,
que no quiero que me paguen,
que no me pagarán nunca con nada,
les regalo todo el petróleo,
la comida, las ropas
y el oro que quieran.
¿Es qué no lo saben?
¡Yo soy rico!
¡Rico y feliz!,
porque nunca me faltará esto…
¡Ah!… es que no lo ven,
y yo regocijándome,
con mi blanco y sobrio
pétalo de Luz.

LETANÍAS

Cuántas hierbas y trapos,
ideas cortadas,
entes que no quieren ser,
edificios asomados,
hombres que no lo son,
cuerpos volando,
libros intrusos,
ríos sin peces,
bosques encendidos,
mares ahogados,
días de nubes,
y montañas de preocupaciones.
Letanías de este mundo,
que aún sigue siendo bello.

FILMS

Fílmicos minutos custodian el silencio
de un destino ficticio que envuelve
a quien se deja,
ya no más descanso,
simplemente rebato.
¿De qué me sirve callar a la desesperanza,
a este gemir que come y desvanece?
Si tengo el alma clara,
a tiempo de luchar,
no abandonaré los sueños.

SÉ DE MÍ

Unas ganas enormes,
atravesando muros aunque sangre el tiempo,
de frente a esta llaga optimista
que me hizo el señor de mi Patria,
tantos años,
¡mi familia!,
quietud desolada de los sin remedio,
inconformidad unánime
de un pueblo que aprende
a burlar cada miseria.
Duele la mirada,
escampa mi silencio,
exilado por amor.

ALQUIMIA

Que Dios tome control
de este magín contrariado
y conspire el universo
para hallar mi leyenda,
al alquimista, y mi sueño,
disoluto en un torrente lánguido
de vientos estancados
y arenas.
Que pueda ver luceros
al salir del túncl
y una sonrisa en la cara del río.

SABER

Es no saberlo todo,
más bien casi nada,
a veces es mejor no saber,
andando sin temor y al azar,
ser amigo de la suerte.
Registrar el bien
anidado en la inocencia
y el proverbio,
desechando la maldad que regresa.
Participar de todos,
y sin pensar vivir,
naturalmente amar,
darse cuenta de que hay tanto
y tan poco por hacer,
que mientras más conoces
menos sabes,
y que en esta corta savia no terminas,
ni siquiera de descubrirte.
Porque saber, ¡saber!,
solo Dios sabe.

DIJO POESÍA

Dijo poesía y escribió:
términos, lingüística perfecta,
rebuscadas palabras que bailaban solas,
vacías letras inmaculadas
y sin música.
Dijo poesía, y al respirar,
no pudo desligarse del aire
que exhalamos todos;
por mucho que elevó su mirada
no pudo ignorar la verdad de lo simple,
ni la yerba verde,
ni su hermosa asonancia.
Dijo: ¡imposible!,
y sin saber lo que decía,
terminó por destrozarla en el pasillo.

GRACIAS, SEÑOR

Sobre mi monte efímero
llora un glaciar del Sur,
bañando mi rostro etéreo.
Convidas a la suerte,
entrelazo mi oído al poniente
y a mi guitarra, que respira.
Notas de sangre me salpican,
canta mi sonrisa de gozo
redimido, tu palabra en fuego,
y no existo sin ti, mi Dios.

Índice

“Esto que he escrito, lo he escrito para mí,
si un día te lo muestro, es porque eres una de mis partes”.

Aliex Molina Porras

Printed by Books on Demand GmbH, Norderstedt / Germany